Orgonite pour débutants

Comment éveiller et utiliser la puissance créatrice de la pierre de guérison - y compris des méditations sur l'orgonite et des témoignages.

Klara Mössinger

CONTENU

Ce qui vous attend dans ce livre

C'est merveilleux que vous ayez choisi ce livre de non-fiction. Quelle que soit la personne ou la chose qui vous a conduit à cette lecture, il s'agit certainement d'un "hasard". Vous avez peut-être suivi votre intuition, votre instinct. Quoi qu'il en soit, je suis heureux de pouvoir vous offrir, avec ce livre, un petit mais précieux aperçu du monde de l'orgonite et de ses modes d'action. Nous prenons le temps d'examiner ce qu'est une orgonite, comment elle est apparue pour la première fois et par qui elle a été inventée, nous donnons un aperçu théorique et nous nous consacrons ensuite à la partie pratique qui vous intéressera peut-être le plus. En effet, si vous êtes attiré par les orgonites, vous voudrez certainement en connaître les secrets et les utilisations possibles de cette puissante pierre de guérison.

Vous serez peut-être surpris d'apprendre que j'appelle l'orgonite une pierre de guérison, alors qu'elle est fabriquée manuellement. Mais laissez-vous surprendre par l'influence positive que cette "pierre" magique peut avoir sur votre corps, votre esprit et votre âme, et donc sur toute votre vie future.

Vous voulez aller encore plus loin ? Eh bien, pour les plus créatifs d'entre vous, vous trouverez également dans cette lecture une partie passionnante sur la manière de fabriquer vous-même votre orgonite personnelle avec un peu d'habileté et beaucoup de plaisir ! Je suis sûr qu'Hildegard von Bingen, qui de son vivant a rédigé de nombreux écrits impressionnants et surtout utiles sur la médecine et les pierres de guérison, aurait été ravie de créer et de développer elle-même ce type de pierres de guérison.

Vous tenez donc entre vos mains un petit guide, mais très complet, qui a un grand impact ! Laissez-vous surprendre, restez curieux et ouvert à ce sujet et laissez-vous emporter un peu dans une partie petite mais remarquable du monde des pierres de guérison ...

Remarque importante :

Toutes les suggestions et les conseils présentés dans ce guide sont basés sur ma propre expérience et sur les connaissances que j'ai acquises. Les possibilités d'utilisation décrites ici ne remplacent en aucun cas la consultation d'un médecin ou d'un naturopathe. Ces informations sont uniquement destinées à améliorer vos connaissances et à vous donner un aperçu de la valeur des produits à base d'orgonite qui peuvent activer ou améliorer votre pouvoir d'autoguérison. Ce livre n'est donc qu'une aide à l'auto-assistance.

L'auteur décline toute responsabilité quant aux conséquences de l'utilisation des méthodes et du mode d'application présentés ici.

Qu'est-ce qu'une orgonite ?

Le terme "orgonite" est dérivé du mot "orgone". L'orgone est l'énergie vitale cosmique qui englobe tout, qui pénètre tout et qui est également connue sous le nom de "force créatrice originelle". Même si certains scientifiques affirment que cette énergie vitale n'est pas mesurable, nous vivons désormais à une époque où les gens sont de plus en plus conscients et acceptent au moins que ces énergies existent sous différentes formes. Et c'est précisément cette énergie vitale qui peut être rechargée de manière positive à l'aide d'une orgonite.

Lorsque l'on parle d'énergie "universelle", on fait référence à tous les niveaux de l'existence, aussi bien aux choses subtiles qu'aux choses matérielles qui nous entourent, consciemment ou inconsciemment. Le terme "subtil" désigne généralement toutes les structures énergétiques qui ne sont pas facilement perceptibles par les cinq sens traditionnels. Le terme "matière dense" désigne tout ce qui est matière visible. En premier lieu, comme nous l'avons dit, tous les niveaux en sont positivement affectés - des mondes émotionnel et astral aux mondes mental et de la pensée. Cela commence dès la fabrication des orgonites, car les pensées, les émotions et les sentiments du créateur sont également intégrés dans l'énergie.

Une orgonite est une pierre de guérison fabriquée manuellement qui peut être utilisée comme aide quotidienne pour différents états d'âme et circonstances. L'orgonite est fabriquée à partir d'un assemblage spécifique de pierres précieuses ou de cristaux, de résine et de métaux précieux, c'est-à-dire de matériaux organiques et inorganiques, dans un rapport de 50/50 dans le meilleur des cas. La forme utilisée est de préférence une pyramide, qui permet à l'utilisateur d'augmenter l'énergie vitale et spatiale. En outre, l'orgonite sert également de transformateur d'énergie puissant.

L'orgonite est essentiellement une sorte d'accumulateur d'énergie d'orgone. Grâce à ses différentes formes et à ses différents composants, elle a été optimisée de manière à ce que son énergie positive puisse être dirigée dans les directions souhaitées, à ce qu'elle renforce les énergies existantes et à ce qu'elle les accumule.

Pour moi, l'orgonite est quelque chose de magique. Bien que je travaille depuis de nombreuses années avec tous ces magnifiques minéraux et pierres précieuses, je considère l'orgonite comme le guérisseur des temps modernes. Ses capacités sont indescriptibles, mais concentrons-nous pour l'instant sur le moment où tout a commencé.

Qui a découvert l'orgonite ?

Il y a plus de 240 ans, le médecin Franz Anton Mesmer s'intéressait déjà aux effets des métaux sur les êtres vivants. Il utilisait pour cela un tonneau en bois rempli de copeaux de fer. C'est avec ce "tonneau" qu'il a mené ses expériences, tant sur les hommes que sur les animaux.

Le terme "orgone" a été inventé pour la première fois au début du 20e siècle par le Dr Wilhelm Reich, médecin, biologiste, physicien, psychiatre et scientifique austro-américain. Comme nous l'avons déjà mentionné, "orgone" désigne l'énergie vitale cosmique que nous connaissons également sous les noms de chi, qi, prana, vril ou éther, entre autres. Le Dr Reich a décrit à l'époque qu'il attirait l'énergie des orgones en superposant plusieurs couches de matériaux organiques (par exemple, des fibres de verre) et inorganiques (par exemple, de la laine d'acier ou du cuivre). C'est sur la base de ces découvertes qu'il a construit, entre autres, le "Cloudbuster" ainsi que l'"accumulateur d'orgone" (également connu sous le nom d'ORAC).

Un autre terme qui est apparu à plusieurs reprises lors de ces expériences et qui est devenu de plus en plus porteur depuis quelques années est celui d'"énergie du point zéro". Le Dr Reich n'a pas seulement étudié l'orgone, l'énergie vitale en soi, mais a également fait une distinction très minutieuse entre l'énergie orgonale "mortelle" et l'énergie orgonale "positive". Il en est ressorti des choses étonnantes. A l'aide de différents instruments, le Dr Reich a pu développer une méthode qui lui a permis de mesurer les différentes énergies d'orgone dans les institutions. Il a découvert que les lieux tels que les maisons de retraite, les hôpitaux, les bureaux, mais aussi les pylônes électriques, les centrales nucléaires et les appareils électriques en général possèdent une énergie négative particulièrement forte.

Plus tard, le couple Croft a basé son travail et ses recherches sur les connaissances du Dr Reich et a inventé l'orgonite telle que nous la connaissons aujourd'hui. Les formes et les composants de l'orgone ont été améliorés et l'énergie de l'orgone a été dirigée et amplifiée dans les directions souhaitées.

Comment fonctionne exactement une orgonite ?

Selon les recherches de Don Craft, l'énergie vitale (orgone) perd sa vitalité à cause des radiations et des fréquences négatives et il en résulte une énergie épuisée, appelée DOR (connue par les spécialistes sous le nom de "deadly orgon radiation"), un terme inventé par le Dr Wilhelm Reich. Cette énergie négative peut avoir un effet néfaste sur notre vie et notre environnement.

Cette énergie est très rare dans la nature, mais de nos jours, avec l'utilisation d'appareils électriques, de téléphones portables, de WLAN, etc., nous avons créé un déséquilibre qui nuit à la fois aux humains, aux animaux et aux plantes.

Comme nous l'avons déjà mentionné, une orgonite est composée de matériaux organiques et inorganiques. Les substances organiques attirent l'énergie vitale, tandis que les substances inorganiques la repoussent. D'un point de vue clairvoyant, je peux décrire cela comme suit : les différents composants transforment les énergies inharmonieuses, énergivores ou autrement négatives qu'ils ont absorbées en nouvelles énergies positives, avant de les rejeter. Les pierres précieuses et les cristaux incorporés dans l'orgonite valorisent en outre ces énergies grâce à leurs merveilleuses propriétés. De cette façon, les énergies retrouvent leur vibration d'origine.

L'orgonite est harmonisée par les pierres précieuses et les supports d'information qu'elle contient, ce qui lui permet même de se purifier.

Ce processus est optimisé par l'ajout d'essences spéciales aux orgonites lors de leur fabrication. Il peut s'agir par exemple de germanium ou d'or. Cela permet d'augmenter encore les vibrations. Et tout cela se fait sans électricité.

Vous voyez donc que le principe est fondamentalement simple et qu'il a été continuellement affiné depuis l'invention de l'orgonite.

D'UN POINT DE VUE PHYSIQUE

... l'explication peut être un peu plus compliquée. Comme vous le verrez plus tard, une orgonite est généralement composée de trois ingrédients principaux : Des cristaux (pierres précieuses, quartz), des métaux et de la résine.

Lorsque nous mettons sous pression des cristaux tels que le cristal de roche ou la tourmaline, un courant électrique finement mesurable circule. Ce phénomène est appelé effet piézo-électrique*. C'est d'ailleurs le cristal de roche qui assure le mieux l'équilibre énergétique nécessaire et qui prend la fonction de l'eau dans l'orgonite, ce qui est indispensable lors de la fabrication.

Lorsque le courant électrique circule et que des métaux se trouvent à proximité, le magnétisme apparaît. La résine elle-même sert à exercer une pression sur les quartz. Comme la résine se contracte en durcissant, elle est idéale pour cette tâche.

L'effet piézoélectrique* (en grec ancien, dérivé de "presser", "presser") décrit la modification d'une polarisation électrique sous l'effet d'une pression, ce qui provoque une oscillation électrique sur l'élément ou dans un solide.

QU'ENTENDONS-NOUS EXACTEMENT PAR DOR ?

L'énergie DOR est, comme nous l'avons brièvement mentionné plus haut, l'énergie vitale morte et épuisée, et elle est très rapidement perceptible, en particulier par les personnes très sensibles. Dans ce contexte, on parle même d'une certaine électrosensibilité. Cette énergie usée n'affecte pas seulement notre esprit humain, car les animaux y sont également très sensibles et les plantes laissent volontiers pendre leurs feuilles lorsqu'elles sont "en contact" avec DOR.

Lorsqu'un "orage" se prépare, cette énergie est très perceptible et, dans les locaux de travail en particulier, une sorte de mécontentement s'empare rapidement de toute l'équipe, car l'atmosphère qui en résulte est très oppressante. Qui ne connaît pas ce sentiment désagréable lorsque l'on veut rendre visite à ses chers grands-parents dans une maison de retraite ou de soins, ou que l'on doit se rendre dans une administration ou un hôpital ? Beaucoup de gens attribuent ce phénomène à la lumière des néons et/ou à "l'odeur". Mais souvent, une telle énergie "morte" se trouve surtout dans les endroits où fonctionnent de nombreux appareils électroniques et où sont utilisés des ordinateurs et autres.

Au cours de ses recherches, le Dr Reich a découvert qu'une grande quantité d'énergie DOR était présente dans les centrales nucléaires. Il a également démontré qu'il existe un lien direct entre l'augmentation du nombre de cancers et cette énergie morte.

QU'ENTENDONS-NOUS EXAC-TEMENT PAR POR ?

L'énergie POR est l'exact opposé de l'énergie DOR. Mais l'une ne peut exister sans l'autre. POR est l'énergie positive (Positive Orgone Energy) et c'est toujours un plaisir et un bienfait de pouvoir s'y "baigner". Lorsqu'une pièce est remplie d'énergie POR, celle-ci a un effet positif sur notre esprit, notre corps et notre âme et nous permet tout simplement de nous sentir légers et à l'aise. Une harmonisation se produit et l'équilibre est rétabli. Cette énergie vitale positive permet une véritable guérison.

L'orgonite d'un point de vue scientifique

En 2005, une étude menée par l'Institut d'orgone Wilhelm Reich en Allemagne, utilisant des méthodes de mesure plus sophistiquées et des méthodes scientifiques, a prouvé de manière irréfutable l'existence des énergies d'orgone. Les scientifiques reconnus qui, jusqu'à ce moment, utilisaient le terme "éther" pour désigner l'énergie vitale, ont été très étonnés par les innombrables résultats intéressants et extraordinaires des expériences du Dr Reich. Mais pour des raisons politiques, la reconnaissance officielle des réalisations du Dr Wilhelm Reich et de son institut a été refusée.

Même d'autres grandes inventions, comme le Cloudbuster, n'ont pas reçu la reconnaissance officielle et publique qu'elles méritaient. Reich a réussi à provoquer la pluie et à mettre fin à la sécheresse dans les déserts grâce à l'énergie générée par le Cloudbuster.

L'inventeur Karl Hans Welz s'est inspiré des travaux du Dr Reich et a obtenu des résultats encore meilleurs avec ses appareils que les accumulateurs d'orgone construits par le Dr Reich. En utilisant de la résine organique et des copeaux de métal, M. Welz a réussi à transformer l'énergie négative et destructrice en énergie positive.

Quelques années plus tard, à la fin des années 90, Don Croft et son épouse Carol ont encore optimisé la conversion d'énergie en ajoutant des pierres précieuses comme vecteurs d'information. Cette modification spectaculaire permet depuis lors d'utiliser l'orgonite de manière encore plus variée. De plus, le Cloudbuster du

Dr Reich a été perfectionné par M. Croft et a ensuite été rebaptisé "Chembuster". Nous décrirons plus en détail ses possibilités d'utilisation plus loin.

L'orgonite d'un point de vue spirituel

Le domaine spirituel influencé par les orgonites est si vaste que je me contenterai de mentionner ici que c'est avant tout à vous de décider dans quelle mesure vous souhaitez vous ouvrir aux effets de cette pierre de guérison à cet égard également.

Pour moi, chaque orgonite est un être vivant qui peut nous aider dans notre vie quotidienne de différentes manières et nous offrir la guérison. Chacune de ces orgonites a la capacité de connecter les gens à l'énergie globale et de l'amplifier. Elles nous aident lorsque nous souhaitons faire des rêves lucides ou communiquer avec les animaux et les plantes. Ils nous aident également à nous élever dans les dimensions supérieures.

Au fur et à mesure de la lecture de ce livre, vous aurez certainement l'occasion de vivre de nombreux moments où vous vous rendrez compte à quel point l'orgonite peut vous toucher et vous soutenir dans toutes les facettes de votre vie, car elle est capable non seulement d'améliorer votre bien-être physique et mental, mais aussi de vous permettre de grandir et de vous épanouir spirituellement.

Qu'est-ce qu'une orgonite peut faire concrète-ment pour vous ?

Jusqu'à présent, nous n'avons abordé que la partie théorique. J'aimerais maintenant vous inviter à découvrir les aspects pratiques que les orgonites nous offrent dans notre vie.
Bien entendu, il faut commencer par expliquer comment une orgonite peut vous aider.

Voici en avant-première un aperçu de quelques mots-clés :

• Transformation de l'énergie négative en énergie positive

• Renforcement de l'énergie positive

• Réduction des rayonnements électromagnétiques

• Nettoyage énergétique des locaux (maison, cabinet, lieu de travail, etc.)

• Amélioration du bien-être (pour les personnes, les animaux et les plantes)

• les possibilités d'utilisation curative dans la thérapie holistique, etc.

Pour réduire les énergies et les radiations négatives, on préfère généralement les pyramides d'orgonites et les "chembusters". En outre, sur la base d'expériences précédentes, il a été confirmé qu'une orgonite contrecarre également les effets nocifs provoqués par le WLAN, les connexions téléphoniques, les antennes relais, la 4G/5G, HAARP* (High Frequency Active Auroral Research Program), etc. Pour ce faire, il attire l'énergie universelle, absorbe l'énergie négative (Deadly Orgon Radiation, en abrégé "DOR") et la transforme en énergie vitale positive (Positive Orgone Energy, en abrégé "POR").

HAARP* est l'abréviation de "High Frequency Active Auroral Research Program". Il s'agit à l'origine d'un programme de recherche militaire américain qui utilisait notamment les ondes radio pour étudier la haute atmosphère. En Allemagne, il est utilisé par exemple pour étudier l'activité solaire à haute fréquence.

Que pouvez-vous faire pour votre orgonite ?

CONSEILS D'ENTRETIEN ET DE NETTOYAGE

Dans tous les cas, les orgonites sont des catalyseurs autonettoyants. Mais comme elles sont également capables d'attirer les énergies, il arrive qu'elles absorbent des énergies négatives et d'éventuelles informations étrangères. C'est pourquoi je vous recommande vivement de nettoyer régulièrement votre orgonite, au moins une fois par semaine.

Pour la purifier, vous pouvez soit la passer sous l'eau courante tiède pendant au moins trois minutes, soit l'exposer au soleil le matin ou le soir, soit, si vous en avez une, la placer toute la nuit dans une poire d'améthyste et demander mentalement un nettoyage complet et l'élimination de toute charge superflue. Cela vous permettra de conserver son efficacité pendant longtemps. Les énergies qui émanent des pointes de cristal de la poire pénètrent les pierres à purifier et effacent complètement toutes les informations étrangères.

Si vous préférez l'encens, c'est également possible. Pour les orgonites, il existe maintenant de très bons mélanges de fumée à acheter pour la purification. Je suis sûr que vous trouverez intuitivement la meilleure façon de procéder pour vous et votre pierre. Écoutez simplement votre instinct !

Au début, la surface d'une orgonite est toujours merveilleusement lisse, mais après un certain temps, elle devient un peu rugueuse. Cela ne doit pas vous inquiéter. L'orgonite continuera néanmoins à remplir ses précieuses fonctions.

Dans le cas d'appareils à orgonite plus grands, tels qu'un Chembuster, un câble de mise à la terre est souvent coulé avec l'appareil, dont l'autre extrémité est ensuite enfoncée dans la terre pour évacuer immédiatement les énergies négatives.

Si la saleté est de la poussière domestique traditionnelle, nettoyez la pierre avec un chiffon doux et sec.

Personnellement, j'aime utiliser ma pyramide d'orgonite lors de séances de guérison. Au cours de ces séances, la pierre absorbe les énergies étrangères de mes clients, elle les retire littéralement. Après chaque utilisation, je place mon orgonite dans un bol rempli d'eau salée chaude et je la laisse reposer pendant un certain temps, généralement toute la nuit. Le sel extrait alors les énergies étrangères de la pierre. Ensuite, je rince doucement l'orgonite sous l'eau tiède de la main. Je verse ensuite l'eau salée chargée dans les toilettes, en demandant qu'elle soit transformée de manière appropriée afin qu'elle ne nuise pas à notre mère la Terre.

D'ailleurs, vous pouvez faire une méditation de purification et de guérison universelle non seulement avec votre orgonite, mais aussi pour cette pierre merveilleuse. Je vous en donnerai un exemple un peu plus tard.

Quels sont les différents types d'orgonites ?

LE PENDENTIF EN ORGONITE

Petite mais efficace, l'orgonite peut être portée en pendentif, que ce soit sur un bracelet ou en amulette autour du cou. Ainsi, sa protection énergétique vous accompagne partout et vous préserve du stress excessif et de l'agitation malsaine que peut engendrer la vie quotidienne. Et si vous utilisez un téléphone portable, l'orgonite vous protège des ondes électromagnétiques qu'il émet. De plus, un pendentif soulage en douceur les tensions et, porté en collier, il vous aide à ouvrir votre cœur et à mieux écouter ses conseils.

L'HARMONISATEUR D'ESPACE À ORGONITE

Il est préférable de placer un harmonisateur d'ambiance à la maison ou sur le lieu de travail, à l'endroit où se trouvent les appareils électroniques. Outre la protection contre les radiations négatives qu'il vous offre, l'orgonite réduit le stress existant et fait de votre maison un lieu de retraite harmonieux et confortable.

Si vous le placez sur le rebord de la fenêtre, il sera également protégé des interférences électroniques qui pourraient tenter de pénétrer dans votre habitation depuis l'extérieur. Si vous vivez près d'une route très fréquentée, il est recommandé de le placer à cet endroit. Il est recommandé d'utiliser une orgonite en forme d'œuf, de demi-sphère ou de cône.

LA PYRAMIDE D'ORGONITE

Pour améliorer le climat de l'habitat et élever les vibrations positives, on utilise de préférence la pyramide d'orgonite, car non seulement les capacités déjà mentionnées de l'orgonite elle-même agissent ici, mais la force de la forme pyramidale multiplie la signature énergétique. De cette manière, il est possible d'obtenir des résultats optimaux et de créer ainsi un climat agréable chez vous, sur votre terrain et bien sûr dans votre environnement professionnel.

L'ACCUMULATEUR D'ORGONE

L'accumulateur d'orgone est généralement constitué d'une grande boîte remplie en alternance de couches de matériaux naturels et non naturels. Cet accumulateur a la capacité d'absorber les énergies positives et négatives (orgone). Dans son cabinet, le Dr Reich a mené toutes sortes d'expériences au cours desquelles des personnes se sont assises dans ces "boîtes" et ont obtenu des guérisons miraculeuses de toutes sortes. Ces accumulateurs étaient volontiers comparés à un sauna, dans lequel les clients se baignaient dans une "force vitale concentrée", ce qui leur permettait de se détendre complètement sur le plan physique et avait un effet positif sur leur psychisme.

L'ORGONITE - HARMONISATEUR ENVIRONNEMENTAL

L'harmonisateur environnemental est un autre type d'orgonite. Sa grande fonction est de revitaliser l'atmosphère, de lutter contre la pollution et de libérer notre environnement de l'électrosmog. Si, par exemple, un être cher est décédé, il est également possible d'installer un appareil de ce type, de préférence en forme de cylindre. Dans ce cas, les médiums perçoivent que les colonnes d'akashas s'élargissent et qu'une sorte de pont s'établit entre le ciel et la Terre Mère, ce qui permet à l'esprit du défunt de passer plus facilement d'un plan à l'autre. Cela facilite également les adieux et la transition pour ceux qui restent.

Le mot "Akasha" signifie "espace et éther" et signifie que notre monde ne se compose pas uniquement du plan matériel, mais qu'il existe d'autres plans subtils. Ainsi, le niveau immédiatement supérieur au niveau matériel que nous connaissons est appelé le "plan astral".

LE RADIATEUR À ORGONE

Si vous recherchez un appareil que vous pouvez facilement intégrer dans votre vie quotidienne, nous vous recommandons un émetteur d'orgone. Il sert à irradier le corps énergétique subtil et est volontiers utilisé selon le principe de la biorésonance pour transmettre des énergies et des informations. L'émetteur d'orgone a la forme d'un gros stylo, est très facile à utiliser et est utilisé aussi bien pour les personnes que pour les animaux, les plantes et l'environnement. Aucune connaissance particulière n'est requise pour l'utiliser.

LE CLOUDBUSTER / CHEMBUS-TER

Comme le mot "cloud" (nuage en français) et sa forme (similaire à celle d'un paratonnerre) l'indiquent, le cloudbuster est un instrument utile pour influencer l'atmosphère en général et la météo en particulier. Le buster est ici constitué de longs tubes de cuivre placés dans un réservoir rempli d'eau. Comme beaucoup d'entre nous le savent déjà, l'eau est un élément idéal pour la conduction des énergies. Dans ce cas, les tubes de l'appareil sont orientés vers le haut afin d'attirer l'orgone. Dirigé vers le ciel, le buster brise les nuages qui s'y trouvent et, peu de temps après, on peut s'attendre au plus beau temps.

L'utilisation d'un Cloudbuster neutralise et dissout, entre autres, les chemtrails. Ces derniers ne sont rien d'autre que des "traînées de condensation" d'avions qui passent dans le ciel au-dessus de nos têtes et qui pulvérisent des substances toxiques dans l'atmosphère. De cette manière, des conditions météorologiques "spéciales" sont harmonisées, car l'air est entre autres débarrassé de sa charge statique. Les cloudbusters peuvent également être utilisés pour contrer les manipulations météorologiques telles que HAARP.

Comment utiliser efficacement une orgonite ?

Comme nous l'avons déjà mentionné, la tâche principale d'une orgonite est d'attirer les énergies négatives des orgones (DOR) et de les transformer en énergie positive des orgones (POR). Ce processus est bénéfique pour notre vie à tous, car chaque jour, toute notre famille est exposée à ces énergies négatives et donc polluée. A commencer par l'utilisation quotidienne du téléphone portable, l'utilisation d'ordinateurs, d'ordinateurs portables et de tablettes, la radio, la télévision, les antennes, le Wi-Fi, le WLAN, les satellites, etc. Beaucoup d'entre vous ont - ou ont eu - un four à micro-ondes à la maison. Aussi utile que puisse paraître notre "ère électronique" actuelle, nous sommes plus ou moins à la merci de toutes les énergies négatives dues à l'électrosmog qui émanent de nos seuls appareils de cuisine dernier cri. De nos jours, d'innombrables personnes électrosensibles affirment avoir vu leurs symptômes diminuer de manière significative, simplement en plaçant des orgonites à proximité de leurs appareils électriques émettant des radiations électriques.

Si vous vous êtes un peu intéressé à ces rayonnements, vous savez ce que ces rayonnements et d'autres peuvent faire à nous, à notre corps et à notre esprit. Même notre âme est affectée négativement à la longue par ce type de rayonnements énergétiques et électromagnétiques. Au bout d'un certain temps, nous perdons le sens de l'harmonie et de l'équilibre intérieurs et ne sommes plus centrés sur nous-mêmes.

Imaginez maintenant que vous fassiez entrer dans votre vie une orgonite qui peut non seulement influencer tout cela de manière positive, mais aussi le transformer de telle sorte que cela puisse changer votre vie entière ! N'est-ce pas une idée gigantesque ? Bien sûr, c'est toujours à vous qu'il revient en premier lieu d'apporter l'harmonie dans votre vie privée et professionnelle. Mais que se passerait-il si une telle orgonite vous aidait merveilleusement à y parvenir ?

Je vous invite à vous ouvrir aux possibilités infinies de cette pierre de guérison dans toutes les facettes de votre être.

Supposons que vous ayez acheté une orgonite et que vous l'ayez placée chez vous, à l'endroit qui vous convient. Quels sont les effets que vous pouvez attendre ? Au début, la plupart des gens ressentent très vite que leur environnement semble soudain beaucoup plus équilibré et harmonieux, qu'ils peuvent profiter d'un sommeil plus profond la nuit et que, pour cette raison, ils ont souvent moins besoin de dormir en général, car ils sont tout simplement plus reposés. La vitalité est accrue et l'augmentation de l'énergie entraîne une sensation de bien-être qui, à son tour, renforce votre système immunitaire et le rend plus résistant. Les clairvoyants constatent même que l'aura des personnes concernées est sensiblement purifiée, clarifiée et agrandie. L'utilisation des orgonites permet donc de bénéficier de leurs propriétés et d'harmoniser non seulement les lieux, mais aussi les personnes, les animaux et même les plantes.

Beaucoup de mes clients ont maintenant acheté leur propre orgonite et affirment que ses propriétés ont eu un effet surprenant sur leur vie : Le manque d'énergie et la fatigue ont presque entièrement disparu, les maux de tête ont été réduits ou complètement dissous, le stress a fait place à l'harmonie et les troubles de l'apprentissage de leurs enfants ont été guéris.

Si vous déposez une orgonite sur votre réfrigérateur ou dans votre garde-manger, par exemple, vos aliments seront purifiés et protégés de manière salutaire. Vous pouvez également l'utiliser pour purifier et améliorer l'énergie de votre eau potable, de votre étang de jardin, de vos fontaines, de vos lacs et de vos rivières.

Vos plantes, à l'intérieur comme à l'extérieur, sont plus saines, plus fertiles, plus fortes, poussent plus vite, deviennent plus grandes et vous apportent ainsi, à vous et à vos proches, encore plus de joie dans votre vie. Certaines de mes connaissances ont même mentionné que leurs plantes étaient nettement moins attaquées par les parasites. Il y a même eu des expériences où leur orgonite a réduit la formation de moisissures dans la maison.

En discutant avec d'autres énergéticiens et praticiens de la santé, j'ai appris qu'ils pouvaient eux aussi libérer leurs clients de leurs blocages et éliminer leurs attachements beaucoup plus rapidement, simplement parce que la "nourriture négative" était retirée. C'est certainement l'une des raisons pour lesquelles l'orgonite est également très appréciée et surtout utilisée avec succès dans la thérapie des chakras.

Les géomanciens utilisent les orgonites pour harmoniser les failles terrestres, les lignes de quadrillage et les veines d'eau. Vous voyez donc qu'une orgonite peut en fait agir partout par son énergie, si nous lui en donnons les moyens.

Quelle que soit la manière et l'endroit où vous utilisez une orgonite, votre intention est toujours importante. Avant de l'utiliser, réfléchissez toujours concrètement à ce que vous voulez obtenir. Il est important que vous vous concentriez uniquement sur votre intention positive. Si vous souhaitez ajouter une petite cérémonie au processus, votre pierre vous en sera certainement reconnaissante. Vous pouvez allumer une bougie, un bâton d'encens ou chanter une chanson. Par exemple, ma propre pyramide d'orgonite aime la musique aux fréquences harmonieuses (432 Hz).

Tout corps vivant, y compris les lieux et l'eau, absorbe avec gratitude les énergies positives dans son organisme. L'utilisation d'une orgonite est peut-être comparable aux méthodes de traitement alternatives telles que l'homéopathie, les fleurs de Bach et autres méthodes d'action énergétique. Seules les personnes très sensibles peuvent ressentir une certaine gêne, voire de légers vertiges, lors de l'utilisation de l'orgonite. Dans ce cas, nous parlons de ce que l'on appelle "l'aggravation initiale", comme cela peut également se produire lors de la prise de globules ou d'autres remèdes homéopathiques. Mais ne vous inquiétez pas, ce phénomène concomitant ne dure généralement pas longtemps et la sensation de bien-être souhaitée s'installe rapidement. Ainsi, l'orgonite n'agit pas "seulement" comme une pierre de guérison pour vous et vos proches, mais peut également être utilisée comme un harmonisateur d'espace.

Une capacité remarquable des orgonites est d'influencer positivement le temps ! Là où l'on faisait autrefois la danse de la pluie, de nombreuses personnes se servent maintenant d'incroyables appareils à orgonites, comme les cloud- ou les chembusters, qui, après avoir été soigneusement nettoyés, sont placés à l'extérieur et permettent d'affaiblir, voire de repousser, les orages violents, la grêle, les fortes rafales de vent et même les tornades.

Au cas où vous n'auriez peut-être pas les moyens financiers d'acquérir un tel Chembuster et que vous n'ayez pas les compétences manuelles pour en construire un vous-même, je voudrais vous donner un petit conseil qui pourrait au moins vous servir dans votre environnement immédiat : Remplissez un bol ou une bouilloire d'eau chaude vinaigrée, placez-la dehors dans le jardin et laissez l'eau vinaigrée s'évaporer. Ensuite, laissez-vous surprendre ! Là où les chemtrails et les nuages HAARP obscurcissaient sensiblement la vue et pouvaient avoir des effets négatifs sur votre santé et celle de votre famille, le ciel s'ouvre soudain et s'illumine d'un bleu insoupçonné. Essayez-le.

Une chose est claire : avec une orgonite, vous disposez d'un outil qui vous aide à libérer certains endroits de conflits anciens et d'énergies destructrices.

Pour simplifier, je vous donne ici une liste de différents domaines dans lesquels l'orgonite peut vous aider :

- calme les émotions et les esprits
- énergise l'eau et les aliments
- favorise la prise de conscience
- harmonise les espaces de vie et de travail et crée une atmosphère positive
- protège contre l'électrosmog
- renforce le corps énergétique et les chakras

• protège contre les effets et influences négatifs
(à l'intérieur comme à l'extérieur)

• soutient le système immunitaire

• améliore le sommeil et apporte des rêves ag-
réables

• améliore l'humeur

• est utilisée comme pierre de protection et de
purification

• a un effet curatif sur le corps, l'esprit et l'âme
(par exemple en cas d'anxiété, de dépression, de
deuil, etc.)

• a un effet positif sur les animaux et les plantes

La liste peut certainement s'allonger, comme
décrit plus haut.

Quelles sont les formes d'orgonite disponibles ?

Si vous avez déjà fait quelques recherches sur les orgonites, peut-être en surfant sur Internet ou en vous promenant dans les foires aux minéraux, vous aurez constaté qu'il existe en fait de nombreux types d'orgonites. Les modèles sont aussi variés que leurs créateurs et le seul moyen de faciliter le choix est de réfléchir à l'avance à l'utilisation que vous voulez faire de votre orgonite et à ce qu'elle doit faire.

Les formes sont aussi vastes et grandioses que notre imagination. Mais toutes les formes ne conviennent pas à toutes les utilisations. Par exemple, si vous voulez énergétiser votre eau, une bouteille en verre sera mieux placée sur un support en orgonite que sur une sphère, n'est-ce pas ? Quelle que soit l'orgonite que vous choisissez, faites attention à l'usage que vous voulez en faire.

La forme pyramidale est la plus populaire parmi les débutants, non seulement parce qu'elle a un fort impact, mais aussi parce qu'elle est visuellement très belle et trouvera rapidement sa place dans votre maison. Mais, comme promis, je vais vous donner un petit aperçu des autres types et formes possibles :

- Amulettes
- Pendentifs
- Forme du diamant
- Barres d'énergie
- Demi-sphère
- Flatteur pour les mains
- Forme de cœur
- Hexagramme
- Cône
- Crâne de cristal
- Boule
- Bâton de massage
- Médaillons
- Emetteurs d'orgone
- Plaques (dessous de plat), rondes ou carrées
- Pyramide
- Gouttes
- Dessous de verre
- Cylindre, etc.

Beaucoup de ces produits portent différents symboles, tels que des triskels, la fleur de vie, des spirales ou des signes de géométrie sacrée. Ces signes augmentent considérablement l'efficacité de l'orgonite.

Les tailles varient beaucoup ici et dépendent de la portée que vous souhaitez donner à l'orgonite. Mais comme on le dit si bien ? Ce n'est pas toujours la taille qui compte. Si une orgonite est très sollicitée, par exemple parce que le bureau est encombré d'appareils électroniques, il suffit de nettoyer la pierre plus souvent pour garantir une efficacité optimale.

Comment trouver l'orgonite qui vous convient ?

Il s'agit certainement d'un grand sujet pour toute personne qui commence à s'intéresser aux orgonites et à leurs précieux effets. Mais soyez sûr qu'au moment où vous décidez de laisser entrer une orgonite dans votre vie, elle vous trouvera.

Rien qu'avec l'intention, vous ouvrez, d'un point de vue énergétique, les bonnes portes et je suis sûr qu'en très peu de temps vous aurez l'orgonite parfaite pour vous.

Une fois que vous savez à quoi vous voulez utiliser votre orgonite, regardez les différentes formes et, si vous voulez posséder une pierre de guérison, visitez un salon de minéraux, une exposition d'artisanat ou un magasin de confiance pour voir les orgonites en action. Bien qu'il existe d'innombrables fournisseurs sur Internet, la meilleure façon de ressentir les énergies est de se rendre sur place et de tenir une orgonite entre vos mains. Et si vous avez un revendeur local près de chez vous, faites-lui plaisir avec votre achat.

Vous sentirez certainement intuitivement lequel est "le bon" pour vous. Laissez votre cœur décider !

Mon expérience personnelle

Les pages précédentes ont déjà fait état de mes propres expériences, mais je tiens à mentionner les merveilleuses expériences que j'ai pu faire avec mon orgonite en tant qu'énergéticienne et communicatrice animale.

Ainsi, ma pyramide et quelques autres pierres de guérison qui me sont chères m'accompagnent en permanence lorsque je me rends dans mon espace de guérison pour une séance de soins. Depuis que l'orgonite me soutient dans mon travail énergétique, je sens très clairement à chaque fois que son énergie se déploie dans la pièce, qu'elle absorbe immédiatement les énergies anciennes, usées et négatives, qu'elle les transforme et qu'elle les rayonne à nouveau en tant qu'énergies positives. Mes clients se sentent visiblement bien, ils abandonnent beaucoup plus rapidement leurs vieilles croyances et leurs habitudes non bénéfiques et s'ouvrent encore plus vite aux énergies de guérison qui peuvent les aider à résoudre leurs problèmes.

Lorsque j'ai des conversations avec l'âme de mes clients animaux (communication animale), l'orgonite m'aide à maintenir le "canal" propre et à créer un environnement protégé. Mais la simple présence de cette pierre de guérison me permet également de faire bénéficier de ses vibrations positives les animaux et les plantes qui se trouvent à proximité.

Dans ma propre maison, la pyramide d'orgonite énergétise merveilleusement mes aliments et mon eau potable, de sorte que je ne me sens pas fatigué après avoir mangé, mais bien nourri et revigoré. Je constate également que ma respiration est beaucoup plus facile, que mes pensées sont plus claires et que les idées et les solutions sont plus rapidement élaborées et mises en œuvre.

Cependant, je voudrais aussi mentionner qu'il y a des personnes très sensibles pour qui les énergies d'une orgonite sont trop fortes et qui, si la pierre se trouve dans leur chambre à coucher, ont parfois des problèmes pour s'endormir ou pour dormir. Si vous faites partie de ces personnes, vous pouvez facilement remédier à ce problème en déplaçant l'orgonite dans une autre pièce.

Expériences avec des orgonites

Au cours de cette lecture, beaucoup d'entre vous ont compris à quel point l'orgonite peut être utilisée comme pierre de guérison. J'aimerais également aborder d'autres aspects passionnants de l'utilisation de l'orgonite. De nombreuses expériences ont déjà été menées par de nombreux utilisateurs et publiées. J'aimerais vous en présenter quelques-unes.

Si l'envie vous prend d'effectuer vous-même quelques-uns de ces tests, n'hésitez pas ! Pour vous aider, vous avez simplement besoin d'un pendule ou d'un biotenseur (baguette à une main) de votre choix, ainsi que de différentes planches de test de radiesthésie (cartes spéciales pour pendule) sur lesquelles vous pouvez lire les valeurs BOVIS. Vous pouvez acheter ces planches de test dans tous les bons magasins spécialisés ou sur Internet. Mais qu'entendons-nous exactement par "BOVIS" ?

BOVIS indique la force vitale, la vitalité chez les personnes, les animaux et les plantes, etc. Pour mesurer la force vitale, il existe ce que l'on appelle une "échelle de fréquence" : l'échelle BOVIS (également connue sous le nom de "biomètre de Bovis"). L'échelle BOVIS a été développée par le physicien français A. Bovis et perfectionnée par André Simoneton.

La valeur indiquée sur l'échelle est exprimée en unités Bovis, ou BE, et indique notamment l'état vibratoire de la matière. Elle indique, entre autres, la qualité et surtout la valeur nutritive de nos aliments. Il n'est donc pas surprenant que les fruits et légumes fraîchement récoltés aient une force vitale beaucoup plus élevée que les produits qui ont été stockés quelque part depuis longtemps ou qui ont été emballés dans un film plastique ou congelés.

La valeur BOVIS est comparable à un pH énergétique, sauf qu'au lieu d'être acide/basique, elle est ici divisée en énergisante/énergétique. La valeur BOVIS d'une personne en bonne santé se situe entre 6 500 et 8 000 UB.

Comme vous pouvez déjà l'imaginer, un être vivant ou un produit est moins vital si sa valeur sur l'échelle BOVIS est faible. Par exemple, si la valeur d'un individu est inférieure à 6.500 UB, il est plus vulnérable aux maladies car son niveau d'énergie a fortement chuté.

Mais venons-en aux expériences annoncées, dont je vais vous donner un bref aperçu. Les explications précédentes vous ont sans doute permis de comprendre l'importance de consommer des aliments riches en énergie pour faire du bien à notre corps. Pour cette raison, nous allons vérifier les valeurs de certains aliments comme les fruits et légumes, les produits à base de céréales complètes et l'eau dite "vivante", et voir comment ces valeurs ont changé positivement après les avoir énergisés avec notre orgonite.

1ère expérience - Eau du robinet

Nous avons commencé avec de l'eau du robinet traditionnelle et n'avons pu mesurer qu'une valeur BOVIS légèrement inférieure à 5.000 UB. Cependant, après avoir placé le verre d'eau sur un support en orgonite pendant une courte période, la valeur a augmenté rapidement jusqu'à 9.000 BE, et la tendance est à la hausse.

2e expérience - œuf

Au départ, nous avons mesuré 6.000 UB sur un œuf cru. Après l'avoir énergisé avec une orgonite, la valeur est passée à 1.000.000 BE !

3ème expérience - Banane

Une banane mûre, qui se situait auparavant à un peu moins de 9.000 UB, présentait une valeur de 100.000 UB après utilisation de l'orgonite.

4e expérience - Pain

Un pain complet fraîchement cuit mesurait 12.000 UB. Après l'utilisation de l'orgonite, cette valeur est également passée à près de 1.000.000 BE !

5e expérience - Carrés de légumes

En 2014, Mark Bennett, un journaliste d'investigation de Brighton, a entrepris d'enregistrer une vidéo de deux potagers et de la mettre à la disposition du public afin de prouver que l'orgonite fonctionne. Dans l'un des deux parterres, il a placé une orgonite aux quatre coins, tandis qu'il a laissé l'autre parterre sans orgonite. Le résultat a été que les plantes du "parterre d'orgonite" étaient non seulement plus grandes, mais aussi beaucoup plus saines, plus fortes et plus colorées. Mark Bennett a répété cette expérience un an plus tard et a obtenu les mêmes résultats.

6e expérience - Farmer

Après l'expérience mentionnée ci-dessus, Mark Bennett est allé plus loin et a distribué près de 100 orgonites à des fermiers et des jardiniers pour qu'ils les expérimentent à leur tour. L'un des fermiers, M. P. Barker, a obtenu des résultats fascinants : Il avait planté les légumes qu'il voulait exposer à l'orgonite dans des sols bien plus pauvres que les plantes de référence. Cependant, les légumes orgonisés étaient à chaque fois beaucoup plus gros et plus savoureux.

7e expérience - Roses

Une jeune femme a reçu en cadeau un bouquet de roses jaunes qui ont commencé à se faner au bout de deux jours. Elle a réparti les fleurs dans trois vases, le 1er vase étant placé sur une soucoupe en orgonite. Dans le 2e vase, elle a ajouté la nourriture pour fleurs fournie et le 3e vase a servi de contrôle - sans orgonite et sans nourriture pour fleurs. Toutes les deux heures, elle prenait des photos des roses et pouvait constater que les fleurs orgonisées devenaient encore plus belles, alors que les deux autres bouquets se fanaient de plus en plus.

Dans l'ensemble, il est apparu rapidement et clairement que notre orgonite améliorait la qualité des produits testés et pouvait ainsi contribuer de manière mesurable à une meilleure qualité de vie.

Il est important de savoir que les aliments dont la valeur est inférieure à 6.000 UB sont énergivores, que les produits dont la valeur est inférieure ou égale à 6.500 UB sont considérés comme "neutres" et que les aliments, et bien sûr l'eau potable, dont la valeur est supérieure à 6.500 UB sont considérés comme énergivores. Il a même été constaté que tous les aliments dépassant la valeur BOVIS de 12.000 BE portent déjà en eux des vibrations de guérison grâce à leur effet énergisant.

Les valeurs de l'eau distillée, du sucre industriel, des sucreries et de l'alcool se situent d'ailleurs entre 3.000 et 6.000 BE.

Donc, lorsque vous revenez du supermarché, pourquoi ne pas vérifier vos achats à l'aide d'un pendule et des cartes de test - avant et après l'utilisation de votre orgonite ?

Rituels d'orgonite

Il n'est certainement pas donné à tout le monde de pratiquer ce que l'on appelle des rituels. Mais ceux d'entre vous qui ont déjà eu l'occasion de faire des expériences positives savent qu'une telle procédure permet souvent d'obtenir l'effet souhaité de manière encore plus rapide, plus complète et plus efficace.

J'ai moi-même pu constater que l'orgonite fait partie des choses de la vie qui sont reconnaissantes de cette attention et de cette appréciation exceptionnelles. Je ne peux donc que vous recommander d'essayer un rituel qui vous convient. L'important est que vous vous sentiez à l'aise dans ce que vous faites. Cela n'aide personne si vous vous "pliez", n'est-ce pas ?

A quoi peut ressembler un tel rituel ? Une suggestion serait de placer votre orgonite sur une table, d'allumer des bougies et/ou de l'encens tout autour et de dire une prière de votre choix. Comme mentionné précédemment, les orgonites aiment les sons. Rien ne vous empêche donc d'entonner une chanson qui vous tient particulièrement à cœur. Bien sûr, il suffit de remercier sincèrement votre orgonite. Je n'ai pas l'intention de vous donner des instructions détaillées sur les mots que vous devriez choisir, car je suis sûr que vous ferez et direz exactement ce qu'il faut, tant que cela vient de votre cœur.

Ceci est un exemple de la façon dont vous pouvez effectuer un rituel pour votre orgonite. Bien sûr, vous pouvez aussi célébrer des rituels avec des orgonites. Ils peuvent être de nature spirituelle ou tout simplement intégrés dans votre vie quotidienne. Par exemple, je me souviens avoir posé ma pyramide d'orgonite sur ma table de chevet tous les soirs pendant un certain temps, lorsque je terminais ma journée, et j'ai demandé à ce qu'elle purifie énergétiquement ma chambre à coucher et crée une atmosphère agréable pour mon sommeil et mes rêves.

Une autre idée est que chaque fois que vous avez un rendez-vous important au bureau, vous nettoyez votre orgonite la veille et l'apportez au travail. Placez-la là où vous vous sentez à l'aise. Demandez ensuite à l'orgonite de diffuser une énergie positive appropriée qui permette à toutes les personnes impliquées de se respecter mutuellement, de s'exprimer clairement et d'agir ou de réagir de manière compréhensive et utile. Vous serez étonné de voir à quel point un tel rituel peut vous plaire. Et en plus, vous pourriez développer des conversations intéressantes avec vos collègues et partenaires commerciaux, au-delà du cadre professionnel.

Il n'y a pas de limites aux possibilités et surtout à votre propre imagination et je suis sûr que votre orgonite, qu'elle soit déjà présente ou encore mentalement "en cours", vous en remerciera et vous soutiendra avec joie !

Méditations avec une orgonite

1. LA MÉDITATION DE GUÉRI-SON

Maintenant que nous avons abordé de nombreux domaines qui méritent d'être connus si vous souhaitez vous intéresser à l'orgonite, j'aimerais également aborder le thème de la méditation d'un point de vue énergétique et curatif et vous donner des instructions que vous pourrez mettre en pratique à tout moment.

Commencez par ressentir l'intention positive que vous poursuivez en méditant. Quelle situation ou quel état d'esprit souhaitez-vous changer dans votre vie ? De manière générale, évitez les phrases formulées de manière négative. Même si, en règle générale, nous avons plutôt tendance à savoir ce que nous ne voulons pas, il est d'autant plus important, à notre époque, de réfléchir à ce que vous souhaitez réellement. Visualiser cet objectif dans votre esprit et ressentir la joie de l'avoir déjà obtenu vous aidera en outre à obtenir le résultat souhaité dans un avenir proche.

Si vous avez envie d'ajouter d'autres pierres de guérison à votre orgonite pour cette méditation, n'hésitez pas. La beauté de la chose est que vous ne pouvez pas vous tromper, tant que vous suivez votre instinct, votre intuition. Dans le meilleur des cas, les pierres se complètent et se renforcent mutuellement. Cependant, n'oubliez pas de bien nettoyer les pierres au préalable et de les recharger si nécessaire.

Veillez à choisir le moment qui vous convient le mieux. Vous devez pouvoir vous détendre pendant quelques minutes sans être dérangé.

Maintenant, attirez à nouveau votre attention sur l'intention que vous souhaitez poursuivre avec la méditation.

Tamisez la lumière dans la pièce et allumez une belle bougie. Vous pouvez bien sûr utiliser une bougie parfumée, mais l'odeur ne doit pas vous distraire.

Ensuite, allongez-vous confortablement et placez l'orgonite sur votre plexus solaire. Si vous préférez méditer en position assise, tenez-la tendrement dans votre main. Vous pouvez également placer d'autres pierres de guérison sur votre corps ou près de la bougie lumineuse.

Fermez maintenant les yeux et portez votre attention sur votre respiration. Par expérience, je vous recommande de respirer par le ventre, car c'est la respiration la plus saine et la plus relaxante. Suivez votre respiration pendant un moment, alors que ce souffle énergisant circule dans votre corps. Si vous le souhaitez, vous pouvez également visualiser la lumière dorée qui remplit chaque cellule de votre être divin à chaque respiration. En expirant, pensez simplement mentalement aux mots : "Je lâche prise".

Maintenant, laissez votre attention se déplacer vers la pierre, visualisez à nouveau votre intention positive et communiquez mentalement avec l'orgonite. Vous trouverez intuitivement les mots justes pour exprimer votre demande. Restez simplement dans la confiance et surtout dans le calme.

Soyez conscient des pensées qui vous traversent l'esprit. Ne les jugez pas et laissez-les passer, comme un petit nuage blanc dans un ciel bleu.

Si des bruits parasites vous parviennent, c'est tout à fait normal. Ils vous aident à atteindre encore plus le calme et la détente souhaités et à lâcher complètement prise à ce moment-là.

Je ne peux que vous recommander de ne pas essayer de supprimer des pensées, des sentiments ou des sons. Cela serait contre-productif et vous bouleverserait davantage. Laissez ce qui se passe et vient à vous.

Lorsque vous êtes dans le silence, écoutez votre respiration et ce qui se passe dans votre corps. Avez-vous des tensions ou des douleurs ? Avez-vous des picotements quelque part ? Vos mains ou vos pieds sont-ils particulièrement froids ou chauds ? Prenez simplement conscience de tout cela, sans le juger. Tout peut être exactement comme il est. Une partie spécifique de votre corps requiert-elle une attention particulière ? Vous pouvez alors y placer votre orgonite. Êtes-vous prêt à vous débarrasser de l'ancien et à permettre la guérison (transformation) ?

Permettez-vous d'aller encore plus loin dans la relaxation et de sentir l'orgonite sur votre peau. Vous pouvez même sentir qu'un flux d'énergie se produit et que l'orgonite et/ou votre corps commence à pulser. Demandez simplement la guérison universelle et laissez "cela" se produire. Acceptez cette aide gracieuse avec gratitude et humilité.

Restez dans cette méditation de guérison aussi longtemps que vous vous sentez bien. Lorsque vous avez terminé, remerciez votre orgonite pour son aide bienfaisante. Respirez à nouveau profondément, ouvrez les yeux et revenez à votre rythme, reposé, frais et léger.

2. MÉDITATION MERKABA

Avant de commencer à vous présenter cette méditation Merkaba, je vais vous expliquer brièvement ce qu'est le Merkaba (à l'origine MerKahBah). Le terme vient de l'ancienne mystique juive et de la spiritualité moderne. Le Merkaba est composé de trois tétraèdres de taille égale qui s'imbriquent les uns dans les autres et qui ont un centre commun. Sa signification est "chariot/véhicule d'ascension" et il est considéré comme un véhicule interdimensionnel (véhicule de lumière). Les chercheurs appellent aussi souvent la Merkaba un tétraèdre étoilé. Le mot est composé de trois mots :

Mer	signifie "la lumière".	
Ka	signifie "l'esprit".	
Bah signifie		"le corps".

Le but de la méditation qui suit est de créer un champ Merkaba vivant autour de son propre corps afin de pouvoir - après un certain entraînement - voyager avec "facilité" dans l'espace et le temps.

Commençons maintenant par la méditation. Ici aussi, il faut trouver un espace et un temps non perturbés qui vous permettent de vous détendre pleinement. Le meilleur moment est effectivement avant le repas. Votre estomac doit être vide et votre dernier repas doit remonter à au moins quatre heures. Comme cette méditation est très puissante, il est préférable de vider vos intestins et votre vessie avant de commencer.

Pour cette méditation, l'idéal est d'utiliser un coussin de méditation ou un tapis de yoga. Si vous n'avez ni l'un ni l'autre sous la main, prenez simplement une chaise. N'oubliez pas d'enlever vos bijoux et de ne pas porter de téléphone portable ou de clés.

Votre orgonite est placée soit directement devant vous, soit sur une petite table sur laquelle vous pouvez allumer une bougie.

Il est préférable de s'asseoir de manière à ce que vos genoux soient en dessous de l'articulation de la hanche. Cela permet de s'assurer que votre colonne vertébrale est droite et que le tube de Prana est centré à l'intérieur. Vous vous souvenez ? "Prana" est l'un des nombreux mots qui désignent "l'énergie vitale". Le mieux est d'imaginer une sorte de tube fluorescent qui traverse votre corps verticalement, en commençant par la tête, en passant par la glande pinéale, en continuant par le tronc et en sortant finalement de votre corps au bout de votre colonne vertébrale - en descendant jusqu'à la Terre Mère.

Posez vos mains, paumes vers le haut, sur vos jambes ou vos genoux. Si vous connaissez les mudras, vous pouvez choisir un mudra approprié. Les "mudras" sont des positions spécifiques des mains utilisées dans de nombreux exercices spirituels et qui permettent d'approfondir la méditation. De plus, les Tibétains et les Hindous affirment que vous connectez ainsi consciemment votre corps à un circuit électrique spécifique dans votre corps, ce qui permet à vos énergies de circuler harmonieusement.

Maintenant, fermez les yeux et entrez consciemment dans la respiration. Pour cette méditation initiale, je vous recommande la "respiration pranique". Par la suite, il est recommandé d'utiliser la "respiration pranayama", qui comprend 18 étapes. Il serait trop long de l'expliquer ici et je pense qu'il est préférable de la pratiquer avec l'aide d'un professeur, car elle est très puissante.

Pour la respiration pranique, prenez une inspiration profonde et régulière par le nez pendant cinq secondes et sentez votre ventre se dilater. Maintenant, retenez votre respiration pendant cinq secondes. Expirez calmement et complètement pendant cinq secondes, puis faites une pause de cinq secondes avant d'entamer la respiration suivante.

Les personnes entraînées respirent et tiennent sept secondes à la fois, voire jusqu'à dix secondes. Mais ne vous mettez pas la pression. L'important est que la respiration soit régulière et consciente. Après avoir pratiqué le processus pendant quelques minutes, si le calme intérieur s'installe, demandez au plus tard à votre orgonite de vous aider à poursuivre le processus.

Visualisez maintenant votre propre Merkaba autour de vous - vous êtes donc littéralement assis au centre des trois tétraèdres qui tournent régulièrement autour de vous.

Continuez à respirer comme décrit précédemment.

Avec le soutien affectueux de votre orgonite, vous prendrez conscience - après un certain temps de pratique - de la façon dont votre corps matériel se "dissout" soudainement. Ne vous inquiétez pas, vous êtes toujours physiquement dans votre salle de méditation, mais votre esprit se dissout pendant un certain temps et vous avez maintenant la merveilleuse opportunité de voyager vers d'autres endroits que vous avez peut-être toujours voulu visiter. Vous êtes peut-être attiré par Vénus ou vous avez toujours voulu voir à quoi ressemble notre "nouvelle Terre" ?

Bien sûr, vous pouvez aussi faire une sorte de voyage dans le temps, la seule pensée mentale suffit alors à vous transporter dans des vies antérieures ou dans des futurs possibles. Restez ouvert à tout et surtout, restez dans votre cœur et dans la confiance et laissez votre conscience s'élargir et vous offrir des expériences passionnantes que vous n'oublierez certainement jamais.

Lorsque vous êtes prêt à terminer votre voyage, concentrez à nouveau toute votre attention sur votre respiration. Vous pouvez à nouveau demander de l'aide à votre orgonite. Prenez votre temps pour "revenir" et commencez à bouger doucement vos doigts et vos pieds. Ce n'est que lorsque vous êtes sûr d'être revenu dans l'ici et maintenant que vous pouvez prendre une nouvelle respiration profonde, ouvrir les yeux et commencer votre journée en étant frais et dispos.

Vous n'êtes pas le seul à bénéficier de cette puissante méditation. Votre orgonite vous en sera également reconnaissante, car dans cet exemple, elle ne vous a pas seulement soutenu, mais en accédant à d'"autres" mondes, elle a la possibilité de se charger énergétiquement d'une manière très particulière, qui va bien au-delà de l'"ici et maintenant". Ses capacités augmentent donc encore plus avec ce type de méditation.

Comment fabriquer soi-même des orgoni-tes ?

Comme promis, nous allons maintenant nous consacrer à la manière dont vous pouvez fabriquer votre orgonite vous-même. Dans mon exemple, j'ai pris une forme pyramidale. Bien sûr, vous pouvez choisir n'importe quelle autre forme qui vous convient pour l'utilisation que vous souhaitez en faire. En plus d'une surface de travail propre, vous aurez besoin des éléments suivants :

• Résine époxy, résine polyester ou résine naturelle ("organique")

• un peu de feuille d'or

• une forme pyramidale

• une pointe de cristal de roche (assure l'équilibre énergétique nécessaire)

• une spirale en cuivre*, avec laquelle le cristal de roche est enroulé

• sur demande, un autocollant transparent avec le symbole* "Fleur de vie

• divers minéraux* / pierres précieuses / cristaux

• comme les petites améthystes (également connues sous le nom de "pierres d'âme")

• aventurine verte (également connue sous le nom de "pierre du Tibet")

• Héliotrope (particulièrement magique, également connu sous le nom de "pierre du solstice")

• Shungite (une pierre de protection particulièrement puissante)

• des copeaux de fer fins, de préférence de différentes sortes (il peut s'agir d'autres métaux
ou, par exemple, de clous ou de vis)
• une spirale cosmique, tournée en cuivre (spirale CFF)

En fonction de l'avantage supplémentaire que
vous souhaitez obtenir, il vous suffit d'utiliser
le symbole correspondant*. Pour vous aider à
faire votre choix, je vous propose une liste de
symboles spirituels et de leur signification :

FLEUR DE VIE

La "Fleur de vie", qui se distingue par sa simpli-
cité et sa symétrie parfaite, est probablement le
symbole le plus important de la géométrie
sacrée. Elle se compose de 19 cercles imbriqués
les uns dans les autres, les 7 premiers cercles au
centre constituant la "graine de vie" et faisant
référence aux 7 jours de l'histoire de la création.
Les cercles eux-mêmes représentent une fleur à
90 pétales. On dit que la "fleur de vie" renferme
le plan de construction de l'univers. Elle est
souvent utilisée pour élever les énergies dans

son propre corps ou dans une pièce. Tout comme l'orgonite, elle revitalise l'eau et les aliments et neutralise l'électrosmog.

YIN YANG

Ce signe spirituel est officiellement issu de l'enseignement taoïste. Cependant, des recherches plus approfondies révèlent rapidement que son histoire est bien plus ancienne. Il est régi par la loi des pôles opposés ou des contraires, qui se conditionnent et se complètent mutuellement : le masculin et le féminin, le haut et le bas, la lumière et l'ombre, le jour et la nuit, etc. L'un n'est pas concevable sans l'autre. Les deux côtés du symbole sont séparés par une ligne en S qui s'étend harmonieusement et qui est généralement représentée en noir et blanc. La zone blanche contient un point noir et le côté noir un point blanc. La philosophie orientale veut ainsi montrer que tout dans le monde est composé de deux côtés, de deux opposés, qui forment ensemble un tout et que les deux forces, le yin et le yang, se complètent. Nous comprenons ainsi que tout ce qui

existe a une contrepartie et que ce n'est qu'ensemble que l'on obtient un tout parfait.

O M

OM est la syllabe originelle de l'ancien sanskrit
indien et est considérée comme sacrée à la fois
par les hindous et les bouddhistes. Traduit
simplement, il signifie "tout ce qui a été, tout ce
qui est et tout ce qui sera" et unit le passé, le
présent et le futur. Le symbole OM représente
les 3 grands dieux Brahma, Shiva et Vishnu et
s'écrit AUM en sanskrit. Le chant (chant de
chants spirituels) ou le chant de mantras (chant
de séries de mots sacrés pour se connecter au
divin ; une technique de méditation) libère de
manière perceptible une vibration élevée. Le
son et le symbole se prêtent donc bien à la
méditation. On dit qu'il remplit la pièce d'énergie divine. OM est tout dans le changement
éternel.

FLEUR DE LOTUS

Cette belle plante mythique a une signification sacrée. D'un point de vue spirituel, elle représente la pureté du cœur, la vie éternelle, l'amour, l'illumination spirituelle, la transformation, la renaissance, la connaissance et la sagesse. La fleur de lotus offre une protection contre les "hôtes" indésirables tels que les parasites et les nuisibles. Comme symbole, cette magnifique fleur est souvent montrée avec 7 pétales censés représenter les 7 chakras principaux.

ARBRE DE VIE

Nous associons ce symbole à la force intérieure et à la puissance extraordinaire. Par nature, l'arbre, avec ses racines profondes, est considéré comme terre-à-terre. Les branches, en revanche, s'élèvent vers le ciel et nous donnent l'impression d'être face à un avenir plein d'espoir. L'arbre est lié à la Terre Mère et au ciel et rappelle la formule d'Hermès Trismégiste "tel haut, tel bas". L'Ancien

Testament mentionne déjà "l'arbre de vie", qui se trouve juste à côté de "l'arbre de la connaissance". Il symbolise la féminité, l'ordre cosmique, la stabilité et la stabilité, l'éveil et la terre.

CUBE DE METATRON

Le cube de Métatron compte parmi les symboles aux énergies vibratoires les plus élevées et est l'un des symboles énergétiques les plus puissants de la géométrie sacrée. Ce symbole unit notre mental à la création et la science à la spiritualité et est l'équivalent masculin de la "Fleur de vie". Metatron, qui lui a donné son nom, est par ailleurs l'un des anges les plus élevés de l'univers. Il dispose d'un pouvoir unique et est également appelé "le Gardien de la Lumière Divine". Il se trouve ainsi au seuil entre l'être divin et la création matérielle. Les cinq solides platoniques peuvent être dérivés du cube de Métatron : Tétraèdre, Octaèdre, Icosaèdre, Hexaèdre et Dodécaèdre. Ils représentent les éléments de base que l'on retrouve même dans les plus petits atomes d'hydrogène.

Après cette brève excursion dans le monde des symboles, nous nous consacrons à nouveau à la construction de notre propre orgonite et nous nous penchons ici un peu plus en détail sur les notions de "spirale de cuivre" et de minéraux.

La spirale de cuivre* est proche de la pointe du cristal de roche, puis s'élargit légèrement vers le bas. Elle dépasse d'environ 1 à 2 cm à l'extrémité du cristal et a à peu près la forme d'un entonnoir.

En ce qui concerne les minéraux*, les pierres brutes sont généralement utilisées, car elles sont les plus vibrantes. Les granulés de pierres précieuses ou les tambours fonctionnent bien sûr aussi. Les pierres mentionnées ci-dessus sont mon choix personnel. Si vous êtes attiré par d'autres minéraux, suivez simplement vos impulsions. Les pierres précieuses de haute qualité telles que le quartz rose, l'agate, la citrine, le jaspe, le péridot, la sodalite et la pierre de lune sont fortement recommandées dans tous les cas. En général, il est recommandé d'utiliser des copeaux fins et des petites pierres. Cela permet d'augmenter la surface, ce qui à son tour renforce la puissance et augmente le rayon d'action de l'orgonite.

Pour commencer, mélangez un peu de résine époxy, ajoutez une feuille d'or et versez lentement la résine liquide dans le moule de la pyramide, en couvrant au moins 1 cm de la pointe. La pyramide doit bien sûr être bien fixée au préalable et placée devant vous, la pointe vers le bas. Ensuite, placez la pointe de cristal de roche entourée de fil de cuivre au centre de la pyramide et laissez le tout durcir tranquillement. Le processus de séchage peut durer quelques heures. Pendant ce temps, vous pouvez toujours vérifier si vous souhaitez réorienter la spirale de cristal.

2. dès que la résine est sèche, versez la couche suivante de résine, là encore sur une hauteur d'environ 1 cm. Dans cette couche encore liquide, placez les pierres précieuses (environ 25 améthystes) au bord de chacune des quatre parois. Au centre - autour du cristal - à la hauteur de la spirale ouverte vers le haut, versez un peu de copeaux de fer (environ 1-2 cuillères à

café). Laissez cette couche durcir complètement.

Si des bulles d'air indésirables se sont formées, vous pouvez les éliminer en chauffant brièvement et avec précaution (par exemple avec un petit "torch jet" ou un brûleur à crème brûlée). Les bulles d'air plus importantes peuvent être facilement "percées" à l'aide d'un cure-dent pour les faire disparaître.

L'étape suivante consiste à verser à nouveau de la résine liquide afin d'ajouter environ 1 cm de hauteur. C'est ici que les pierres d'aventurine trouvent leur place dans la partie extérieure. Au centre, versez à nouveau un peu de copeaux de fer. Veillez à nouveau à éliminer les éventuelles bulles d'air tant que la résine est encore liquide. Entre-temps, la forme pyramidale est presque remplie jusqu'au centre et vous pouvez, si vous le souhaitez, ajouter un symbole sur l'un des quatre côtés. J'ai choisi la "Fleur de vie".

4. après le durcissement de cette couche, versez à nouveau de la résine dans le moule et remplissez cette section avec les héliotropes, par exemple. Les copeaux de fer trouvent à

nouveau leur place au milieu. Le tout est à nouveau chauffé brièvement et un nouveau séchage commence.

5. passez maintenant à la couche suivante de résine et placez les pierres de shungite. Comme précédemment, placez à nouveau les copeaux de fer au centre. Placez ensuite la spirale de cuivre (spirale SBB) par-dessus. Chauffez ensuite le tout brièvement et laissez durcir.

6. une fois sèche, détachez délicatement l'orgonite de son moule et poncez les bords avec un papier abrasif très fin pour éviter de vous blesser.

Je ne pense pas qu'il soit possible de donner des quantités précises pour l'ensemble de ce processus, car chaque orgonite et chaque personne (créateur) est unique et vous pouvez avoir confiance dans le fait que le résultat sera toujours conforme à votre signature énergétique personnelle. Seuls votre attention et votre amour pour la création sont vraiment importants pendant ce processus de création. Et si, tout au long du processus de fabrication, vous veillez à obtenir un équilibre harmonieux entre la résine, les pierres précieuses et les copeaux de fer afin de produire l'effet d'orgone, votre orgonite sera parfaite. Il vous suffit de sentir quels matériaux entrent en résonance avec la puissance d'action que vous souhaitez. Là encore, votre intuition est votre meilleure conseillère.

7. pour finir, vous pouvez polir un peu la forme terminée avec du papier abrasif très fin, de préférence de grain 240, et votre pyramide d'orgonite personnelle est prête. Félicitations !

En principe, lors de la fabrication, vous devez veiller à utiliser 50 % de mélange de pierres précieuses métalliques et 50 % de résine, ce qui nous permet d'obtenir une bien meilleure capacité d'accumulation de l'orgonite.

Veuillez ne pas utiliser de pierres précieuses colorées ou fausses. Au mieux, il n'y a aucun effet, au pire, il n'y a pas de conversion en énergie positive (POR), même si l'orgonite attire l'énergie négative (DOR). Dans ce cas, des effets inattendus et non prévus peuvent se produire. Par conséquent, vous ne pourriez pas en tirer des effets bénéfiques, ce qui serait très regrettable. Le déséquilibre qui en résulterait pourrait même provoquer l'éclatement de l'orgonite.

Si vous préférez les instructions visuelles, vous trouverez certainement les instructions qui vous conviennent dans l'une des innombrables vidéos de bricolage disponibles sur YouTube ou sur d'autres chaînes vidéo.

Épilogue

Au début de ce livre, j'étais persuadé d'en savoir déjà beaucoup sur l'orgonite. Cependant, mes recherches approfondies m'ont appris que j'étais loin de tout savoir sur les multiples facettes de cette pierre de guérison particulière, et j'ai en fait beaucoup appris au cours de cette période. J'en suis infiniment reconnaissant et j'espère sincèrement que vous aussi, vous apprendrez à apprécier le caractère précieux des orgonites et de leurs possibilités d'utilisation.

Par exemple, j'ai commencé à placer délibérément une orgonite au centre de la pièce lors des méditations et des voyages de l'âme que je conduisais. Il était clair que l'orgonite contribuait à la relaxation et aidait les participants à se centrer et à atteindre la paix intérieure.

En fait, j'ai reçu de nouvelles impulsions pour utiliser ma pyramide d'orgonite dans le jardin afin d'aider les fleurs, les herbes et les plantes à pousser et, en fin de compte, d'en profiter moi-même. Qui ne préfère pas manger des légumes qui sont exempts de polluants énergétiques et donc beaucoup plus digestes et sains ?

J'ai moi-même fait de nombreuses fois l'expérience qu'après l'utilisation d'une orgonite, beaucoup de choses ont changé assez rapidement dans ma vie, que ce soit sur le plan professionnel ou personnel. Mais comme on le dit si bien ? Parfois, il faut laisser partir l'ancien pour faire place au nouveau positif qui nous attend déjà.

Si, après avoir lu ce livre, vous avez envie d'aller plus loin dans l'étude des orgonites et de leurs capacités, alors l'écriture de ce guide en aura valu la peine. Qu'y a-t-il de plus précieux que d'ouvrir des "portes" à son entourage pour l'inviter à explorer de nouvelles voies et à acquérir de nouvelles possibilités et expériences merveilleuses ?

Ma vision personnelle de l'orgonite a évolué positivement au cours de cette période et je vous souhaite de tout cœur de trouver vous aussi votre propre orgonite et de faire l'expérience de ses dons universels.

Enfin, je voudrais exprimer ma gratitude à toutes les personnes merveilleuses et courageuses qui ont passé et passent encore beaucoup de temps à créer les différentes créations d'orgonite, à expérimenter avec leurs énergies et leurs potentiels, à acquérir de l'expérience et à la partager avec nous tous dans la joie.